Dieses Buch gehört

....

Liebe Eltern,

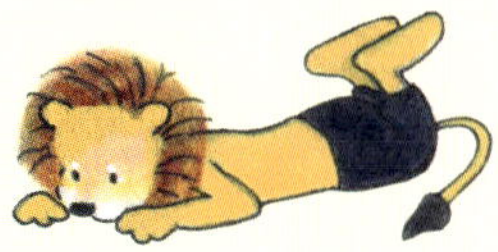

wir wollen Ihr Kind beim Lesenlernen unterstützen, und zwar mit Geschichten, die Spaß machen.

Unsere Bücher mit dem liebenswerten Leselöwen begleiten Ihr Kind durch die 2. Klasse. Sie enthalten drei bis vier Geschichten zu einem spannenden Thema, mit einfachen Sätzen und gut lesbarer Schrift. Viele bunte Bilder sorgen für Lesepausen und helfen, die Geschichten zu verstehen. Mit den Aufgaben zum Text kann Ihr Kind selbst prüfen, ob es den Text richtig verstanden hat. Zu den farbig markierten Wörtern warten am Ende des Buches spannende Fakten und in unserem Online-Portal finden Sie viele weitere Extras!

So wird Ihr Sohn oder Ihre Tochter zum echten Leselöwen!

Ihr
Leselöwe

Leselöwen

Henriette Wich

Dinosauriergeschichten

Illustriert von Alexander Bux

Loewe

www.leseloewen.de

FSC
www.fsc.org
MIX
Papier aus verantwortungsvollen Quellen
FSC® C109273

ISBN 978-3-7855-8617-4
3. Auflage 2021

Umschlag- und Innenillustrationen: Alexander Bux
Umschlaggestaltung: Michael Dietrich
Vignetten Leselöwe und Sticker: Angelika Stubner
Printed in the EU

www.loewe-verlag.de

Inhalt

Ach du dickes Ei!

Sauri und Tyra spielen
in einer Grotte am Strand.
Da gibt es ein tolles Echo.
„Uuarr!“, macht Tyra.
Uuaaarr! Uuaaarr! kommt es
von den Felswänden zurück.

Sauri lacht sich schlapp.

Seine Schwester kann

Tyrannosaurus Rex super nachmachen.

Plötzlich rauscht es am Himmel.

„Ein **Flugsaurier**!“, warnt Sauri.

„Weg vom Eingang!“,

zischt seine Schwester.

Schnell zieht Sauri den Kopf ein.

Glück gehabt!

Der böse Flugsaurier hat sie

nicht gesehen.

Sonst hätte er sich gleich

auf sie gestürzt.

Aber er hat schon eine Beute.
Es hat jemand anderen erwischt.
Sauri und Tyra müssen ihn retten.
Doch der Flugsaurier hält
die Beute fest in seinen Klauen.

Nur einer könnte sie ihm entreißen.
Nur einer ist stärker:
Tyrannosaurus Rex!
Plötzlich hat Sauri eine Idee.
„Mach noch mal Rex nach",
flüstert er Tyra zu.

„Uuaaarr!“, brüllt seine Schwester.
Vor Schreck lässt der Flugsaurier
seine Beute fallen und haut ab.
Sauri und Tyra wagen sich
aus der Grotte.

Im Sand liegt etwas Weißes.

„Ein Dino-Ei!“, ruft Sauri.

Auf einmal knackt es.

Ein Riss geht durch die Schale.

Ein kleiner Kopf kommt heraus.

Winzige, spitze Zähne sind zu sehen.

„Schnapp, schnapp!“
Das Dinobaby beißt
kräftig in die Schale.
Jetzt ist es frei.
„Hallo, Kleiner!“, sagt Tyra.
Das Dinobaby springt in ihre Arme.
Sauri streichelt es.

„Lass uns deine Mama suchen."
Sauri und Tyra bringen
das Baby in ihr Dorf.
Sie erzählen, was passiert ist.
Plötzlich bebt die Erde.
Die Eltern von Sauri und Tyra
rasen auf ihre Kinder zu.

Mama nimmt Tyra das Baby ab.
„Ich hatte solche Angst
um dich, mein Schatz!“
Papa knurrt: „Der Flugsaurier hat
dich aus dem Nest geklaut.
Es ging alles viel zu schnell.“

Mama strahlt Sauri und Tyra an.

„Ihr habt euren Bruder gerettet.

Ihr seid so mutig. Danke!“

Sauri grinst.

„Haben wir echt gern gemacht.“

„Wir brauchen noch einen Namen
für das Baby“, sagt Papa.
Alle denken nach.
Da schnappt der Kleine
nach Tyras Nase.
„Ich weiß einen Namen“, sagt Tyra.
„Schnappo!“

Wer kriegt die Kokosnuss?

Pelle ist Stürmer im
Fußballverein FC Kokosnuss.
Morgen ist sein erstes Spiel.
„Bist du aufgeregt?“,
fragt sein bester Freund Giraffo.

Pelle und Giraffo liegen im Gras
und mampfen Blätter,
die Giraffo von den Bäumen rupft.
„Überhaupt nicht“,
sagt Pelle. Dann lacht er.
„Klar bin ich aufgeregt. Und wie.“

Giraffo muss auch lachen.

„Du schaffst das. Du bist gut."

„Danke", freut sich Pelle.

Plötzlich schwenkt Giraffo

seinen langen Hals hin und her.

„Ich will auch mitspielen!"

„Das geht nicht“, sagt Pelle.

„Du hast doch **vier linke Füße**.“

Giraffo brüllt: „Du bist gemein!

Ich feuere dich morgen nicht an.

Das kannst du vergessen.“

„Jetzt sei doch nicht beleidigt!“, stöhnt Pelle.

Aber Giraffo trampelt wütend davon.

„Dann eben nicht“, denkt Pelle.

Am nächsten Tag ist Pelle
immer noch stinksauer,
weil Giraffo ihn nicht anfeuern will.
Dem wird er es zeigen!
Pelle rennt über den Fußballplatz.
Er hat ganz oft den Ball und
kickt wie ein Weltmeister.

Aber die Gegner lassen
einfach kein Tor durch.
Nur noch fünf Minuten.
Da, ein Pass von Basti!
Das Tor ist weit weg,
aber Pelle sprintet los.

Zack! Er schießt die Kokosnuss
in hohem Bogen auf das Tor.
Au Backe, das war zu hoch!
Der Ball saust auf eine Palme zu.
Er fetzt ein paar Blätter weg
und landet ganz oben.

„Den krieg ich“, sagt Torwart Juro,
der größte Spieler.
Aber sein Hals ist nicht lang genug.
Der Trainer ruft den Fans zu:
„Wir brauchen einen Langhalsdino!“

Pelle starrt zur Tribüne hinauf.

Da sitzt ja Giraffo.

Er ist doch gekommen!

Pelle winkt seinem Freund.

„Ich war blöd zu dir.

Bitte sei nicht mehr sauer.“

Die Tribüne wackelt,

als Giraffo schnell aufsteht.

„Schon vergessen“, winkt er ab.

Giraffo stapft zur Palme.

Lässig angelt er

die Kokosnuss heraus.

„Bravo!“, brüllen die Fans.

Giraffo darf den Ball einwerfen.

Er wirft ihn

Pelle perfekt vor die Füße.

Pelle muss nur noch schießen.

„Tor!“, jubeln die Fans.

Da kommt der Schlusspfiff.
„Wir haben gewonnen!"
Pelle stürmt auf Giraffo zu.
Sein Freund lacht, hebt ihn hoch
und wirft ihn in die Luft.

Knochenalarm!

Eigentlich sind Oskar und
sein Hund Rex unzertrennlich.
Doch heute muss Oskar allein los.
Er geht mit seiner Klasse
ins Museum.
„Da dürfen keine Hunde rein“,
sagt Oskar.

Rex bellt und bringt die Leine.

„Tut mir leid, Spürhund.“

Oskar krault seinen Freund.

„Du musst daheimbleiben.“

Schnell geht er aus dem Haus

und schwingt sich auf sein Fahrrad.

Das Naturkundemuseum ist toll.
Dort gibt es ausgestopfte Vögel und
eingelegte Fische und Schlangen.
Aber das Beste sind die **Skelette**
von den Dinosauriern.

Oskar starrt den **Brachiosaurus** an.

Ist der riesig!

Frau Boos vom Museum weiß es ganz genau:

„Dieser Dinosaurier war 12 Meter hoch, über 22 Meter lang und wog 25 Tonnen.“

Da hört Oskar ein leises Knurren.
„War das der Dino?“, überlegt er.
„Natürlich nicht!“
Trotzdem kriegt er eine Gänsehaut.
Ein Mann stellt sich
neben die Schulklasse.

„Sind die Knochen echt?“, fragt er.

Frau Boos nickt.

„Ja. Wir haben sie aus
mehreren Tieren zusammengesetzt.“

„Hm, sehr interessant ...“,
murmelt der Mann.

„Komischer Typ“, denkt Oskar.

Frau Boos führt die Klasse
in den nächsten Raum.
„Das ist unser kleinster Dino:
der **Microraptor**.
Er hatte lange Federn und ...“
Uuuuiiiih! Uuuuiiiih!
Die Alarmanlage geht los.

Und ein wuscheliges Tier
rennt auf Oskar zu.
„Rex!“, ruft Oskar.
„Wo kommst du denn her?“
Rex bellt zweimal und flitzt
zurück in die große Halle.
Sein Spürhund hat etwas entdeckt!

Sofort rennt Oskar hinterher.

Da ist wieder der komische Mann.

Er klaut einen Dinoknochen!

Rex knurrt laut.

Dann reißt er dem Mann

den Knochen aus den Händen.

Der Dieb will abhauen.
Oskar überholt ihn und versperrt
den Weg zum Ausgang.
„Stopp!“

Da kommen Frau Boos und die Klasse angelaufen. Sie umzingeln den Dieb. „Ich wollte den Knochen bloß ausleihen“, behauptet der Mann. Oskar tippt sich an die Stirn. „Klar.“

Dann beugt er sich zu Rex hinunter.

„Gib den Knochen her."

Als Rex bellt, sagt Oskar:

„Ich bin stolz auf dich.

Aber pass auf, du Ausreißer.

Sonst musst du auch zur Polizei!"

Hilfe, wo bin ich?

„Heute probiere ich
die Dinorutsche aus!“, ruft Toni.
„Möchtest du nicht lieber mit mir
auf die Familienrutsche?“,
fragt Papa.
Toni schüttelt energisch den Kopf.
„Nö! Die ist langweilig.“

Toni rennt die Treppe hoch.
Oben hat sie einen tollen Ausblick
auf die Halle des Spaßbads.
Die Wände sind grün bemalt
mit Bäumen aus dem Regenwald.

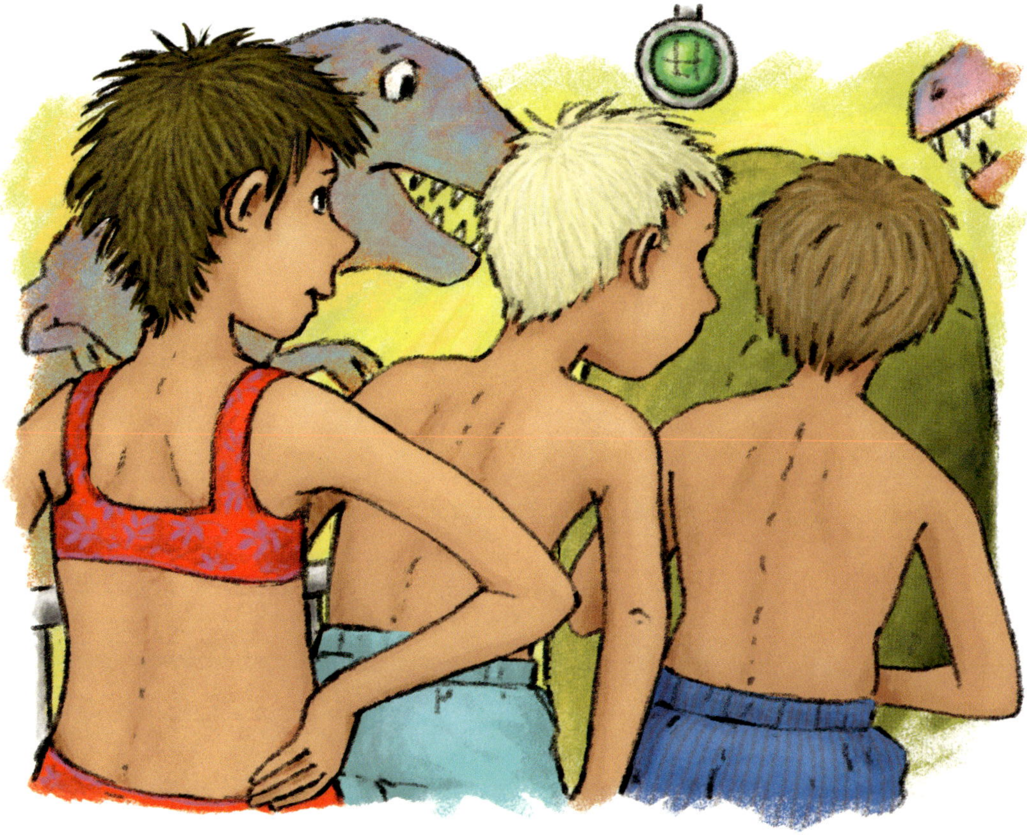

Vor der Dinorutsche stehen

zwei Jungen und ein Mädchen an.

Sie sind alle viel älter.

Plötzlich hat Toni

ein komisches Gefühl im Bauch.

Soll sie umkehren?

Aber jetzt ist die Rutsche frei.

Toni gibt sich einen Ruck.
Sie setzt sich hin und murmelt:
„Auf die Plätze, fertig, los!“
Womm! Gleich am Anfang saust sie
durch drei rasante Kurven.
Die Röhre leuchtet weiß, dann rosa.
Plötzlich wird es schwarz.

Toni stürzt senkrecht in die Tiefe.
Sie kreischt und lacht.
Endlich wird es wieder hell.
Toni spürt einen kurzen Luftzug.
Dann schlagen die Wellen
über ihrem Kopf zusammen.
Toni taucht tief unter Wasser.

Prustend kommt sie wieder hoch.
Neben ihr prustet noch jemand.
„Ein Dinosaurier!“, staunt Toni.
„Aber die sind doch
längst ausgestorben!
Bin ich jetzt im Erdmittelalter?“
Ein großer Dino stapft auf Toni zu.

Er hat einen breiten Nackenschild
und drei spitze Hörner auf dem Kopf.
Das ist ein Triceratops!
Den kennt sie
aus einem Dinosaurierbuch.
Der Triceratops bleibt vor ihr stehen.
Soll sie etwa auf ihm reiten?

Der Triceratops geht in die Knie.

Er stupst Toni freundlich an.

Sie schwingt sich auf seinen Rücken.

Der Dino geht langsam los.

Toni wird hin und her geschaukelt.

Sie kommen zu einem See.

Der Triceratops gleitet hinein.

Toni rutscht von seinem Rücken
und taucht tief unter Wasser.
Als sie wieder auftaucht,
steht Papa vor ihr und fragt:
„Na, wie war es auf der Dinorutsche?“
Toni blinzelt verwirrt. „Äh ... super.
Ich rutsche gleich noch mal!“

Fragen und Antworten

1. Wie heißt das Dinobaby? Kreuze an.

- ☐ Schnippo
- ☐ Schnappo
- ☐ Schnapper

Antwort: Schnappo

2. Womit überlisten die Dinos den Flugsaurier? Finde das Wort im Buchstabengitter.

E	C	E	F
C	O	L	M
A	L	P	E
E	C	H	O

Antwort: Echo

3. Wie heißt Pelles Fußballverein? Bringe die Silben in die richtige Reihenfolge.

NUSS KOS KO FC

Antwort: FC Kokosnuss

4. Welches Tier ist Giraffo? Kreuze an.

- ☐ Langhalsdino
- ☐ Giraffendino
- ☐ Affendino

Antwort: Langhalsdino

5. Wie viele Tore schießt Pelle? Rechne aus und kreuze die richtige Antwort an.

☐ 5-2= _____ ☐ 5+4= _____ ☐ 5-4= _____

Antwort: 5-4=1

Fragen und Antworten

6. Lies genau in Spiegelschrift. Wie heißt Oskars Haustier? Kreuze an.

☐ Rex ☐ Rix ☐ Bex

Antwort: Rex

7. Welches Tier ist Rex? Kreise ein.

Antwort: Hund

8. Verkehrt herum! Was versucht der Dieb im Museum zu stehlen? Kreuze an.

☐ Eimum ☐ Nehconk ☐ Tteleks

Antwort: Knochen

9. Immer zwei Silben ergeben ein Wort aus der vierten Geschichte. Findest du die drei gesuchten Wörter?

WAS SCHE BAD SER RUT SPASS

Antwort: Wasser, Rutsche, Spaßbad

10. Wie viele Kinder stehen vor Toni an? Kreise ein.

Antwort: Zwei Jungen und ein Mädchen

11. Was sagt Toni, als sie wieder auftaucht? Kreuze an.

- ☐ Ich rutsche nie wieder!
- ☐ Ich rutsche gleich noch mal!
- ☐ Ich bin gar nicht gerutscht!

Antwort: Ich rutsche gleich noch mal!

Schon gewusst?

Tyrannosaurus Rex (Seite 9):

Der gefährliche Tyrannosaurus Rex ist der bekannteste Dinosaurier. Abgekürzt nennt man ihn auch T-rex.

Flugsaurier (Seite 9):

Flugsaurier hatten Schwingen anstelle von Vorderbeinen. Kleine Flugsaurier konnten sehr gut fliegen, die großen konnten weite Strecken vermutlich nur fliegen, wenn der Wind günstig stand, weil sie schwerer waren.

Vier linke Füße (Seite 23):

Damit ist gemeint, dass jemand ungeschickt ist. Zum Beispiel, weil er beim Tanzen die Füße verwechselt. Bei Menschen spricht man natürlich von „zwei linken Füßen“.

Skelette (Seite 35):

Die Skelette ausgestorbener Tiere helfen dabei, etwas über ihr Aussehen und ihre Lebensweise herauszufinden. In den letzten hundert Jahren wurden in Nordamerika ungefähr fünfzig T-rex-Skelette gefunden.

Brachiosaurus (Seite 36):

Der Pflanzenfresser mit dem sehr langen Hals war eines der größten Landtiere, die jemals auf der Erde gelebt haben.

Microraptor (Seite 39):

„Micro“ bedeutet „klein“ und „raptor“ bedeutet „Räuber“. So kam der kleine fleischfressende Dino zu seinem Namen.

Blättere schnell um und trage die roten Buchstaben in der richtigen Reihenfolge in die Kästchen ein!

Henriette Wich, 1970 in Landshut geboren, hat zahlreiche Kinder- und Jugendbücher geschrieben, darunter viele Krimis der erfolgreichen Reihe „Die drei !!!“. Henriette Wich lebt mit ihrer Familie in München.

Alexander Bux, 1970 in Augsburg geboren, war als Kind leidenschaftlicher Monster- und Drachenmaler. Er hat Grafikdesign mit den Hauptfächern Illustration und Typografie studiert. Jetzt lebt er mit seiner Familie in Hamburg und illustriert mit großer Freude Kinderbücher.

Das Leselöwen-Lösungswort

Besuche den Leselöwen auf
www.leseloewen.de und trage
die farbigen Buchstaben
von den Seiten *Schon gewusst?*
in der richtigen Reihenfolge
in die magische Box ein.

Wenn du das Lösungswort
gefunden hast, kommst du
auf die geheime Seite mit vielen
weiteren Spielen und Rätseln!

Der Leselöwe freut sich auf dich!